Inhalt

Windenergie - der Ausbau lahmte 2010 auf breiter Front

Kernthesen

Beitrag

Fallbeispiele

Zahlen und Fakten

Weiterführende Literatur

Impressum

Windenergie - der Ausbau lahmte 2010 auf breiter Front

A.Schneider

Kernthesen

- Das Windgeschäft 2010 lief unterm Strich weltweit nicht so gut wie erhofft.
- Die deutschen Windkrafthersteller konnten fast ein Fünftel weniger Anlagen neu aufstellen.
- China hat sich weltweit an die Spitze gesetzt und USA und Deutschland abgehängt.
- Deutschland hat nur noch einen Anteil von weniger als vier Prozent am globalen Windgeschäft.
- Enercon verteidigte die Führung auf dem deutschen Markt, die dänische Vestas liegt weltweit vorne.

Beitrag

Deutschland: Festland gesättigt, Offshore kommt langsam in Schwung

Die deutschen Windkrafthersteller können 2010 nicht als Jubeljahr feiern. Sie konnten fast ein Fünftel weniger Anlagen neu aufstellen als im Jahr zuvor. Außerdem wehte der Wind zu wenig, was dazu führte, dass die bestehenden Anlagen fast ein Zehntel weniger Strom produzierten als sie könnten.

Dabei hatten die Windmüller große Hoffnungen in das vergangene Jahr gesetzt. Bis zu 2 300 Megawatt Leistung könnten neu installiert werden, so kalkulierten der Bundesverband Windenergie (BWE) und die VDMA-Fachgruppe Power Systems. Doch am Ende zählte die Statistik nur 754 neue Windturbinen mit einer zusätzlichen Leistung von 1 551 Megawatt, was einen Rückfall auf das Niveau von 1999 bedeutete. Insgesamt stehen damit in Deutschland jetzt 21 607 Windenergieanlagen mit einer kumulierten Leistung von 27 215 Megawatt. [Abb. 1] (1), (2), (3)

Bei der Ursachenforschung fanden die Branchenexperten etliche Erklärungen: Die Finanz- und Wirtschaftskrise lähmte die Investitionsfreudigkeit und Großprojekte. In einigen

Bundesländern drückt die Politik nicht genug aufs Gaspedal. In Baden-Württemberg gingen beispielsweise 2010 nur acht Anlagen mit einer Leistung von weniger als 16 Megawatt ans Netz. In anderen Regionen wird zwar über den Ausbau der Windenergie diskutiert, doch de facto lässt die Ausweisung neuer Flächen für die Windkraftnutzung zu lange auf sich warten. Die Netze reichen nicht aus, Netzengpässe nehmen zu. Das Repowering, also der Ersatz alter Anlagen durch moderne, komme nicht in Schwung, weil vielerorts Abstandsregelungen und Höhenbegrenzungen einen effizienten Ausbau verhindern, klagt der Verband. (2)

Unterm Strich scheint Deutschland, das Pionierland im Windenergiegeschäft, in Sachen Windanlagen auf dem Festland derzeit gesättigt. Die Windbranche liefert in Deutschland mit zuletzt etwa sieben Prozent den mit Abstand größten Anteil an Ökostrom, der insgesamt rund 17 Prozent beträgt. Die Solarbranche liefert erst seit kurzem mehr als ein Prozent des Stromverbrauchs in Deutschland. (3)

Das Offshore-Geschäft kommt nur langsam in Schwung. Die ehrgeizigen Ziele im Ausbau des Windgeschäfts in der deutschen Nord- und Ostsee werden bislang bei weitem nicht erreicht. Anfang 2002 hatte sich die Bundesregierung vorgenommen, bis Ende 2010 eine Windkraftleistung zwischen 2 000 und 3 000 Megawatt in deutschen Gewässern auf die

Beine zu stellen. Stand heute wurden 48 Turbinen mit einer Gesamtleistung von 180 Megawatt errichtet und zwar das Offshore-Testfeld alpha ventus (60 Megawatt), Baltic I (48,3 Megawatt - noch ohne Netzanschluss) sowie Bard Offshore I (15 Anlagen je 5 Megawatt im Projekt). Da ist es noch ein weiter Weg bis zum Ziel für 2020: gar 10 000 Megawatt sollen es bis dahin sein! Noch ist Geduld geboten, die Offshore-Technologie ist noch jung, das verfügbare Finanzvolumen begrenzt. (1), (2), (4), (5)

Führend auf dem deutschen Markt sind die Windanlagenbauer Enercon, Vestas und REpower. Zusammen haben die drei einen Marktanteil von über 84 Prozent. [Abb. 2]
Etwa sechs Milliarden Euro Umsatz realisieren die deutschen Anlagenproduzenten, davon 4,5 Milliarden im Ausland. (3)

Die Prognosen für 2011 sind verhalten. Die Branchenexperten vom BWE und VDMA erwarten insgesamt eine neu installierte Leistung von 1 800 Megawatt davon etwa 1 500 Megawatt an Land und rund 300 Megawatt auf See. (1)

Europa: Außenseiter im Aufwind

Europa insgesamt baute 2010 ebenfalls weniger Windparks. Im vergangenen Jahr wurden in der

Europäischen Union zehn Prozent weniger Anlagen in Betrieb genommen als noch 2009, teilte der Europäische Windenergie-Verband (EWEA) mit. Dabei zählten Stammmärkte wie Spanien und Deutschland, doch auch Frankreich, Großbritannien und Italien zu den Absteigern. Zuwächse verzeichneten die osteuropäischen Länder Rumänien, Polen und Bulgarien. Und Zypern und die Türkei präsentierten sich als überraschende Aufsteiger. Insgesamt wurden auf dem europäischen Festland etwa 10 000 Megawatt neu installiert. (6)

Unzufrieden ist der Verband mit dem Ausbau der Windanlagen vor Europas Küsten. Im vergangenen Jahr wurden 308 Windturbinen mit einer Gesamtleistung von 883 Megawatt neu installiert. Dies bedeutet einen Zuwachs von 51 Prozent gegenüber dem Vorjahr - so viel wie ein neues Kohlekraftwerk. Nach EWEA-Angaben sind derzeit zehn Projekte mit zusammen 3 000 MW Leistung vor Europas Küsten in Bau. Dazu zählt auch das Vorhaben Bard Offshore I, gut hundert Kilometer nordwestlich vor Borkum. Führend bei der Windkraftnutzung auf See ist Großbritannien.

Zu den drei größten Betreiber der europäischen Offshore-Windparks zählen nach EWEA-Angaben der dänische Dong-Konzern (26 Prozent Anteil an der bislang installierten Leistung), Vattenfall (21 Prozent) und Eon (16 Prozent). (5)

Weltweit: China hängt USA ab

Auch weltweit betrachtet hat sich der Ausbau der Windkraftanlagen im vergangenen Jahr verlangsamt. Die Neuinstallationen gingen erstmals seit zwanzig Jahren um rund sieben Prozent zurück. Vor allem der US-amerikanische Markt verzeichnete einen starken Einbruch. Da auch die europäische Windkonjunktur schwächelte, wurden 2010 zum ersten Mal mehr als die Hälfte der neu installierten Windkapazitäten außerhalb der etablierten Märkte Europa und Nordamerika realisiert. Ein anhaltender Boom findet auf dem chinesischen Markt statt. China hat sich bei der gesamten installierten Leistung an die weltweite Spitze gesetzt und sich zum weltgrößten Hersteller von Windenergieanlagen und -komponenten entwickelt. (7)

Ob die große Nachfrage Chinas Marktchancen für westliche Windkrafthersteller mit sich bringt, wird von Brancheninsidern allerdings bezweifelt. So geht beispielsweise Nordex davon aus, dass sich China in den kommenden Jahren kaum für westliche Anbieter öffnen werde. Umgekehrt sieht der Hersteller in den Anbietern aus Fernost keinen bedrohlichen Wettbewerb, da die Qualität ihrer Produkte noch zu schwach sei. REpower hat beschlossen, Nutzen aus den Entwicklungen auf dem asiatischen Markt zu ziehen. Das Unternehmen will verstärkt in Asien einkaufen, um so von den günstigeren Preisen chinesischer Zulieferer zu profitieren. (8), (3)

Als Hersteller ist die dänische Vestas mit einem Marktanteil von 12,5 Prozent nach wie vor weltweit tonangebend. Dahinter liegen die amerikanische GE Wind (12,4 Prozent) und die indische Suzlon (9,8 Prozent), zu der die deutsche REpower gehört. Die chinesischen Hersteller schließen immer mehr zur Weltspitze auf. Sinovel liegt mit einem Weltmarktanteil von 9,2 Prozent bereits auf dem vierten Rang, vor der deutschen Enercon (8,5 Prozent). (9)

Es gibt auch überraschende Newcomer im globalen Windbusiness. So beobachtete das Global Wind Energy Council (GWEC) für 2010 in Indien, Brasilien, Mexiko, Ägypten, Marokko und Tunesien beachtliche Entwicklungen. Insgesamt bleibt festzuhalten, dass die Produktionskapazitäten weltweit in den vergangenen Jahren stark ausgebaut wurden, doch rund 15 Prozent der weltweiten Jahreskapazitäten nicht ausgelastet sind. (10), (11)

Der deutsche Markt, der Pionier und einstige Antreiber im Windgeschäft, hat inzwischen nur noch einen Anteil von weniger als vier Prozent am globalen Windgeschäft. (1)

Trends

Neue Märkte im Kommen

Asien (vor allem China und Indien) und einige Entwicklungsländer (z.B. Brasilien, Ägypten, Tunesien) sind im Windenergiegeschäft im Kommen. Asien liegt jetzt mit einem Anteil von deutlich über 50 Prozent bei der neu installierten Leistung vor den traditionellen Märkten in Europa (Deutschland, Spanien) und den USA. (10)

Repowering für Stammmärkte

Die Stammmärkte wittern weiterhin ein gutes Geschäft mit dem so genannten Repowering, das heißt dem Austausch alter gegen neue und leistungsstärkere Anlagen. Nach DEWI-Erhebungen konnten in 2010 immerhin 116 Windenergieanlagen mit einer Leistung von zusammen 56 Megawatt durch achtzig Windenergieanlagen mit zusammen 183 Megawatt ersetzt werden. Spätestens im Jahr 2015 werden über 9 500 Windenergieanlagen repoweringfähig sein, so der Verband. Das entspricht einem potenziellen Investitionsvolumen von 40 Milliarden Euro. (2)

Fallbeispiele

Der **Energieversorger EnBW** errrichtet auf dem Meer vor der Halbinsel Darß das Projekt Baltic 1. Die 21 Anlagen lieferte Siemens. Der Netzanschluss fehlt allerdings noch. (1)

Der Windturbinenhersteller **Nordex** hofft, mit seiner speziell für den Binnenlandeinsatz neu entwickelten Windkraftanlage N100 in diesem Jahr gute Geschäfte zu machen. Im vergangenen Jahr musste Nordex ein Umsatzminus von rund 15 Prozent auf etwa eine Milliarde Euro hinnehmen. (8)

Repower ließ Ende Dezember 2010 mit einer Umsatz- und Gewinnwarnung aufhorchen. Etliche Projekte waren verschoben worden, weil die Finanzierung nicht gesichert werden konnte. (9)

Für Schleswig-Holstein kalkulieren die Netzbetreiber bis 2015 mit einer Verdreifachung der Windkraftkapazitäten an Land. (12)

Nordrhein-Westfalen will bei der Windenergie mehr Gas geben. Der Anteil der Windstromerzeugung soll von heute drei auf 15 Prozent bis Ende 2020 ausgebaut werden. (13)

Das große Flächenland Baden-Württemberg macht mit nur acht in 2010 neu aufgestellten Windrädern auch keinen Staat bei der Windenergie. Die

Regierung will jetzt handeln und den Anteil von derzeit drei auf ebenfalls mindestens 15 Prozent in 2020 erhöhen. (14)

Frankreich will die Offshore-Windenergie vorantreiben. Entlang der Küsten des Ärmelkanals und des Atlantiks sollen 600 Windenergieanlagen gebaut werden. Derzeit liegt der Anteil der Windenergie bei drei Prozent. Bis 2020 sollen 3,5 Prozent des französischen Energiebedarfs durch Offshore-Windenergieanlagen abgedeckt werden. (15)

In den USA sind im vergangenen Jahr Windparks mit einer Leistung von 5 115 MW errichtet worden. Im Vergleich zu 2009 mit dem Rekordwert von 10 010 Megawatt bedeutet das fast ein Halbierung des Neubau-Marktes. Insgesamt liegt der amerikanische Markt damit bei einer Gesamtleistung von 40 180 Megawatt. (16)

Nach einer Mitteilung der Chinese Renewable Energy Industries Association wurden in China 2010 Windkraftanlagen mit einer Leistung von gut 16 700 Megawatt errichtet. Damit erhöhte sich die Gesamtleistung auf 41 800 Megawatt. (16)

Zahlen & Fakten

Abbildung 1:

Status der Winenergienutzung in Deutschland, Stand: 31.12.2010

Gesamte installierte Leistung	27.215,00 MW	
Neuinstallationen	1.551,03 MW	
davon Repowering	183,4 MW	(Abbau von 55,7 MW)
davon Offshore	108,3 MW	
Zahl der Windräder kumuliert	21.607	
davon in 2010 errichtet	754	
Top-5-Bundesländer	Niedersachsen	
	Brandenburg	
	Sachsen-Anhalt	
	Schleswig-Holstein	
	Nordrhein-Westfalen	
		GBI-Genios Grafik

Quelle: DEWIEntnommen aus: Molly, J.P., DEWI GmbH, Status der Windenergienutzung in Deutschland, 31.12.2010, www.wind-energie.de(17)

Abbildung 2:

Enercon an der Spitze

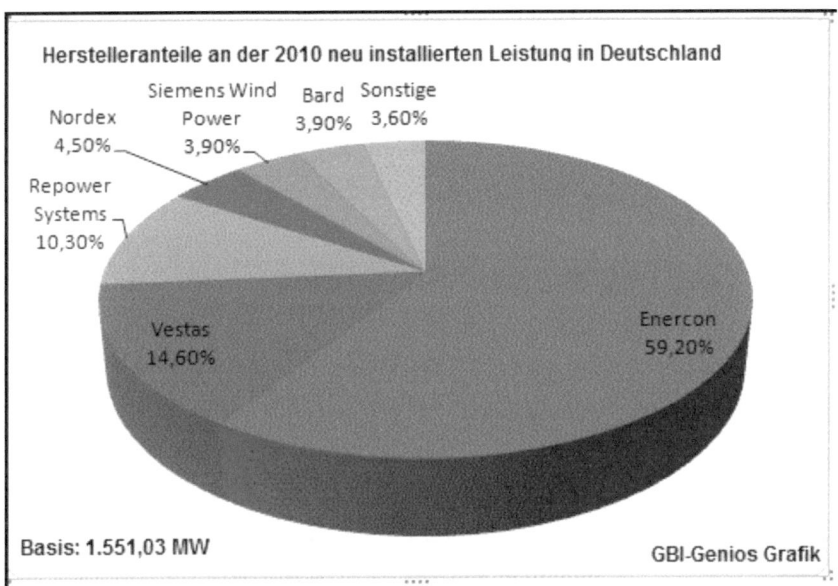

Quelle: Deutsches Windenergie-Institut 2011

Entnommen aus: Köpke, Ralf, Schwache Brise, 4. Februar 2011 (1)

Weiterführende Literatur

(1) Schwache Brise
aus www.powernews.org Meldung vom 04.02.2011 -
09:16

(2) Jahresbilanz Windenergie 2010: Inlandsmarkt muss gestärkt werden
aus www.powernews.org Meldung vom 04.02.2011 - 09:16

(3) Langsameres Wachstum Repower und die Windbranche reagieren auf Flaute
aus HANDELSBLATT online 26.01.2011 16:33:14

(4) Kommentar: Der Lastenesel lahmt
aus www.powernews.org Meldung vom 26.01.2011 - 16:27

(5) Europas Offshore-Windleistung ausgebaut
aus www.powernews.org Meldung vom 20.01.2011 - 14:46

(6) Abwärtstrend auf Europas Windmarkt
aus www.powernews.org Meldung vom 31.01.2011 - 15:23

(7) Global wind capacity increases by 22% in 2010 - Asia leads growth
aus www.powernews.org Meldung vom 31.01.2011 - 15:23

(8) Für die Zukunft gebaut
aus www.powernews.org Meldung vom 03.02.2011 - 12:18

(9) Fallwinde treffen Repower Ertrag nach neun Monaten rückläufig - Finanzierungsengpässe der Kunden

aus Börsen-Zeitung, 05.02.2011, Nummer 25, Seite 10

(10) Minus beim Windkraftausbau weltweit
aus www.powernews.org Meldung vom 04.02.2011 - 16:14

(11) Der deutsche Markt für Windkraftanlagen stagniert
aus Handelsblatt Nr. 019 vom 27.01.2011 Seite 22

(12) Windkraft im Norden vor neuem Schub
aus www.powernews.org Meldung vom 25.01.2011 - 09:19

(13) Remmel kündigt Aufwind an
aus www.powernews.org Meldung vom 03.12.2010 - 14:03

(14) Bei der Windkraft herrscht Flaute
aus Stuttgarter Zeitung, 11.02.2011, S. 5

(15) Frankreich startet Offshore-Großprojekt
aus energate vom 02.02.2011

(16) Massiver Einbruch auf dem US-Windmarkt
aus www.powernews.org Meldung vom 25.01.2011 - 10:29

(17) Status der Windenergienutzung in Deutschland
aus www.powernews.org Meldung vom 25.01.2011 - 10:29

Impressum

Windenergie - der Ausbau lahmte 2010 auf breiter Front

Bibliografische Information der deutschen Nationalbibliothek

Die Deutsche Nationalbibliothek verzeichnet diese Publikation in der deutschen Nationalbibliografie; detaillierte bibliografische Daten sind im Internet über http://dnb.d-nb.de abrufbar.

ISBN: 978-3-7379-2370-5

© 2015 GBI-Genios Deutsche Wirtschaftsdatenbank GmbH, Freischützstraße 96, 81927 München, www.genios.de

Alle Rechte vorbehalten. Dieses Werk ist einschließlich aller seiner Teile – z.B. Texte, Tabellen und Grafiken - urheberrechtlich geschützt. Jede Verwertung außerhalb der Grenzen des Urheberrechtsgesetzes bedarf der vorherigen Zustimmung des Verlags. Dies gilt insbesondere auch für auszugsweise Nachdrucke, fotomechanische Vervielfältigungen (Fotokopie/Mikroskopie), Übersetzungen, Auswertungen durch Datenbanken oder ähnliche Einrichtungen und die Einspeicherung und Verarbeitung in elektronischen Systemen.